MW01096803

Cucaracha

Serie "Datos curiosos sobre los insectos para niños"

Escrito por Michelle Hawkins

Cucaracha

Serie " Datos curiosos sobre los insectos para niños "

Por: Michelle Hawkins

Versión 1.1 ~Mayo 2022

Publicado por Michelle Hawkins en KDP

Toda la información contenida en este libro se ha investigado cuidadosamente y se ha comprobado su exactitud. Sin embargo, el autor y el editor no garantizan, expresa o implícitamente, que la información contenida en este libro sea apropiada para cada individuo, situación o propósito y no asumen ninguna responsabilidad por errores u omisiones.

El lector asume el riesgo y la plena responsabilidad de todas sus acciones. El autor no será responsable de ninguna pérdida o daño, ya sea consecuente, incidental, especial o de otro tipo, que pueda resultar de la información presentada en este libro.

Todas las imágenes son de uso gratuito o han sido adquiridas en sitios de fotografías de stock o libres de derechos para su uso comercial. Para la elaboración de este libro me he basado en mis propias observaciones y en muchas fuentes diferentes, y he hecho todo lo posible por comprobar los hechos y dar el crédito que corresponde. En caso de que se utilice algún material sin la debida autorización, le ruego que se ponga en contacto conmigo para corregir el descuido.

Las cucarachas pueden correr hasta cinco kilómetros por hora.

A las cucarachas les gusta beber cerveza por su contenido de azúcar y lúpulo.

Hay más de 40 tipos diferentes de cucarachas en América.

Las cucarachas tienen seis patas.

Algunas especies de cucarachas pueden regenerar sus extremidades, pero no su cerebro.

Las cucarachas tienen tres partes del cuerpo: cabeza, tórax y abdomen.

Las diferentes especies de cucarachas pueden vivir desde unos meses hasta unos años.

La cucaracha más grande es la Blaberus Giganteus, que mide 10 centímetros y tiene una envergadura de 10 centímetros.

Las cucarachas se consideran criaturas sociales.

A las cucarachas les gusta estar en espacios pequeños y estrechos.

La mayoría de las cucarachas disfrutan planeando y no volando.

Los ojos de las cucarachas son ojos de lente compuesta.

Algunas cucarachas emiten sonidos que los humanos pueden oír.

Las cucarachas se sienten atraídas por los dulces.

Los ambientes oscuros ayudan a las cucarachas a crecer y sobrevivir.

Hay más de 4.600 especies diferentes de cucarachas en el mundo.

Las cucarachas pueden ser de color negro, marrón, marrón rojizo o una combinación.

Las cucarachas bebé se llaman ninfas.

Las cucarachas se comen a otras cucarachas.

El exoesqueleto de una cucaracha es duro.

La función principal de una cucaracha es comer, reproducirse, transportarse y socializar con otras.

Las cucarachas pueden afectar
a los humanos con bacterias y
enfermedades.

La hembra de la cucaracha
puede poner hasta 400 huevos a
la vez.

Las cucarachas ayudan a añadir
nitrógeno al suelo.

Las cucarachas bajo el agua pueden aguantar la respiración hasta una hora.

La principal amenaza para las cucarachas es el ser humano.

Las cucarachas tienen tres pares de patas.

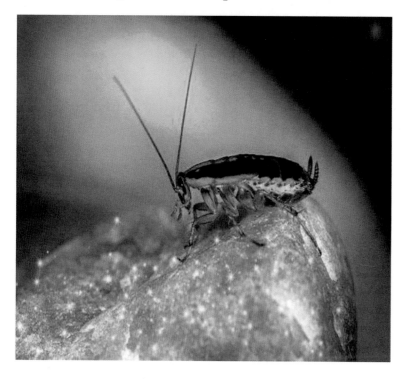

Las cucarachas comen cualquier cosa.

Puedes entrenar a una cucaracha como Pavlov entrenó a los perros.

A las cucarachas les gusta vivir con otros.

Las cucarachas existen desde hace más de 350 millones de años.

Las cucarachas se consideran omnívoras, es decir, comen tanto plantas como animales.

Las cucarachas tienen más de 33 tipos diferentes de bacterias.

La hembra de la cucaracha puede poner huevos continuamente.

Las cucarachas se encuentran sobre todo en sótanos, baños y cocinas.

Los conductos espirales de una cucaracha ayudan a mover el oxígeno en el cuerpo.

Las cucarachas en Australia pueden pesar hasta una onza.

Una vez que hay cucarachas en su casa, se llama una infestación y es difícil de controlar.

Las cucarachas se comunican con otras mediante feromonas.

Las cucarachas se consideran un insecto.

Ver una cucaracha en su casa significa un nido de 100s.

Las cucarachas son animales de sangre fría.

A las cucarachas les gusta estar en espacios cerrados para sentir presión por todos lados.

A las cucarachas no les gustan las abejas.

Las cucarachas están consideradas en la parte inferior de la cadena alimentaria.

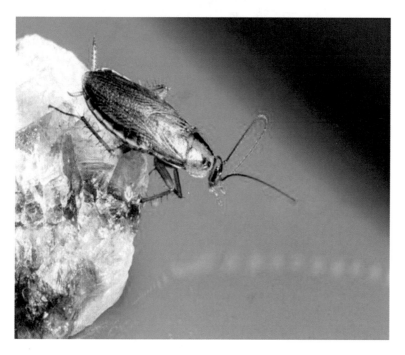

Se sabe que las cucarachas propagan bacterias.

Las cucarachas pueden soportar 10 veces más radiación que un ser humano.

La cucaracha americana tiene el mayor tamaño corporal.

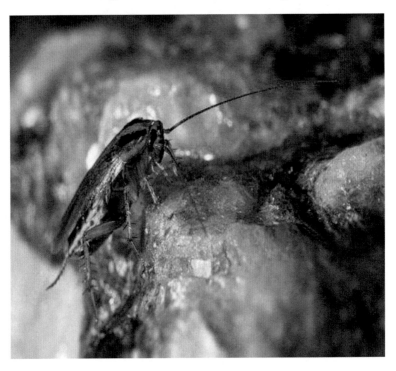

La cucaracha más grande de América mide cinco centímetros.

Algunas cucarachas se consideran en peligro de extinción.

Los ojos de una cucaracha pueden ver en completa oscuridad.

Las cucarachas pueden sobrevivir hasta una semana sin cabeza.

En latín, la palabra Cucaracha es Blalta, que significa insecto que huye de la luz.

Una cucaracha morirá primero sin agua que sin comida.

Las cucarachas se comen unas a otras como medio de control de la población.

Las cucarachas se consideran nocturnas y trabajan en la oscuridad.

Las cucarachas disfrutan comiendo comida para humanos y mascotas.

Las cucarachas respiran a través de los agujeros de su cuerpo.

Un grupo de Cucarachas es una intrusión.

Como mascota, una Cucaracha se considera de bajo mantenimiento.

Las cucarachas macho sólo se aparean una vez en su vida.

Las cucarachas son conocidas por su enorme cabeza, patas y alas.

Los ojos de una cucaracha tienen fotorreceptores.

Las cucarachas en Perú tienen una envergadura de hasta siete pulgadas.

Un grupo de cucarachas en un asentamiento humano se llama infestación.

Las cucarachas tienen una baja tasa de metabolismo.

Si las personas se encuentran, las cucarachas también.

A las cucarachas les gusta tener fácil acceso a la comida.

Al ser pesadas, las cucarachas pueden caer y morir.

Cuando las cucarachas no tienen cabeza, no se desangran; la sangre se coagula en el cuello.

Las cucarachas que más se ven en Estados Unidos son la americana, la de bandas marrones, la alemana y la oriental.

Las cucarachas son muy adaptables a su entorno.

Las cucarachas son conocidas por transmitir enfermedades a los humanos.

Las cucarachas se encuentran sobre todo en lugares cálidos.

El cerebro de una cucaracha no es responsable de la respiración.

Las cucarachas pueden sobrevivir a muchas cosas, pero no pueden sobrevivir sin comida después de un mes.

Las cucarachas se consideran comedores oportunistas.

Las cucarachas emiten chirridos y zumbidos.

A las cucarachas les gusta vivir en las grietas.

Las cucarachas tienen alas.

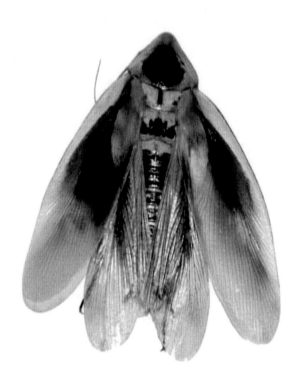

La cucaracha de exterior del norte hiberna en los meses de invierno.

La cucaracha más pequeña mide 0,5 pulgadas.

Las cucarachas bebé pueden moverse casi tan rápido como las adultas.

Los ojos de una cucaracha pueden tener hasta 2000 mini lentes.

Las cucarachas se encuentran en todos los continentes, incluso en el Ártico.

Las cucarachas no pueden sobrevivir a una explosión nuclear.

La esperanza de vida media de una cucaracha es de un año.

Encuéntrame en Amazon en:
https://amzn.to/3oqoXoG

y en Facebook en: https://bit.ly/3ovFJ5V

Otros libros de Michelle Hawkins

Datos curiosos sobre aves para niños.

Datos curiosos sobre frutas y verduras

Datos curiosos sobre los animales pequeños

Datos curiosos sobre perros para niños.

Datos curiosos sobre dátiles para niños.

Datos curiosos sobre los animales del zoo para niños

Datos curiosos sobre animales de granja para niños

Datos curiosos sobre animales acuáticos para niños.

Datos curiosos sobre los pequeños animales salvajes para niños

Datos curiosos sobre caballos para niños

Datos curiosos sobre los insectos para niños

Aprender sobre el dinero para niños.

El 10% de todos los beneficios se dona a World Vision en https://rb.gy/cahrb0